ECLAIRCISSEMENS

SUR LES QUESTIONS

LES PLUS IMPORTANTES

DE NOTRE DROIT PUBLIC,

Nécessaires pour résoudre les difficultés auxquelles peut donner lieu la discussion des cahiers présentés aux Etats-généraux.

par M. Montigni avocat

1789.

ECLAIRCISSEMENS

SUR

LES QUESTIONS LES PLUS IMPORTANTES
DE NOTRE DROIT PUBLIC.

Légitimité du Couronnement de Hugues Capet ; la Couronne néceſſairement fixée dans ſa race.

L'OBJET le plus eſſentiel dont les états doivent s'occuper, eſt d'affermir la confiance qui doit régner entre le roi & la nation.

Sans cette confiance, il n'eſt pas de bonheur, pas de ſûreté réelle, ni pour le ſouverain, ni pour le ſujet ; un gouvernement qui n'a point de forme décidée ne fait que des victimes.

Ce n'eſt que ſous un gouvernement parfait que l'on peut avoir de bonnes loix, & que ces loix peuvent être exécutées.

Un gouvernement eſt plus ou moins parfait, ſuivant que celui qui obéit eſt plus ou moins d'accord avec celui qui commande.

Tout eſt perdu pour l'état & pour la patrie, ſi on ſe diviſe ſur les principes, & s'ils ſont en oppoſition avec la forme du gouvernement.

Dans cette poſition malheureuſe, le ſouverain n'opere rien que par la force, & dès qu'il ceſſe d'agir,

A

une efpece de paraléfie frappe tous les membres du corps politique ; mais, ce qui eft le comble du malheur, les loix font dans la main du juge, un jeu, & la juftice un patrimoine, ou des graces qu'il répand arbitrairement.

Me préferve le ciel de toute application : à la veille de la régénération univerfelle, ne croyons pas que de fi grands maux exiftent, admettons-les feulement comme poffibles.

Raffembler les ruines éparfes de notre droit public, c'eft affermir cette confiance, & faire à la patrie tout le bien qu'elle doit attendre d'un vrai citoyen.

Prouver, démontrer que la race régnante eft parvenue légitimement au trône, & que, d'après les principes originaires de la nation, aucun motif ne peut nous dégager de fon obéiffance ; c'eft remplir cet objet, c'eft ôter à la difcorde un des tifons dont elle fe fert pour tâcher d'allumer l'incendie au premier fignal de nos divifions.

Le larcin, la violation du dépôt, font des crimes qui réclament perpétuellement contre le coupable, dont la poftérité ne peut obtenir grace, qu'en rendant l'objet du larcin ou le dépôt. Le temps ne peut légitimer la poffeffion du dépofitaire.

Ce principe avoué par toutes les nations, qui l'ont configné dans leur code, où il étoit fuperflu de l'écrire, puifque la nature l'a gravé dans le cœur de tous les hommes, montre que la race de Pépin toujours été dans le cas d'une dégradation folemnelle

Nous avons été gouvernés par trois races ; pa celle de Mérouée, celles de Pépin & de Hugues Capet

La race de Mérouée remontoit au delà des premieres époques connues de la monarchie, & telle
étoit la vénération des peuples pour cette race antique,
que son origine étoit consacrée par leur religion.

Comment Pépin est-il parvenu à s'asseoir à la place
de Childéric III? étoit-ce par une suite du droit de
conquete? Ce droit, quel qu'il soit, a été reconnu
par tous les peuples de l'antiquité; mais Pépin ne
l'avoit pas, & ne pouvoit l'avoir: Childéric III avoit-
il démérité de la nation, au point qu'elle eût jugé
nécessaire de lui donner un successeur, lui vivant;
la nation avoit-elle ce droit, croyoit-elle l'avoir,
& Pépin étoit-il persuadé, lui-même, que ce droit
funeste résidât en elle?

Ces questions si importantes à résoudre, pour poser
avec assurance les bases de notre droit public, se
décident aisément: il n'est pas nécessaire de remonter
à l'histoire de Childéric, premier du nom, & à ses
aventures romanesques avec la reine de Thuringe,
la conduite de Pépin lui-même, bien instruit des droits
de sa nation, leve tous les doutes.

Après une infinité de maneges, dont on peut lire
les détails dans les historiens les plus dévoués à sa
race, il crut qu'il devoit envoyer une ambassade à
Zacharie. « Ces ambassadeurs, dit Eginard, historien
» de Charlemagne, eurent ordre de consulter le pape,
» pour savoir lequel il étoit plus juste d'appeller roi,
» de celui qui restoit fort tranquille dans son palais,
» ou de celui qui, ayant soin de tout le royaume,
» portoit tout le fardeau des affaires. »

Si la nation eût été difpofée à réfoudre le nœud,
fi elle en eût eu le droit, & fi Pépin en eût été per-
fuadé, il n'eût point eu recours à un oracle étranger.

Il ne faut pas être publicifte profond, pour apprécier
l'oracle de Zacharie : « il vaut mieux, dit-il, que
celui qui a la puiffance foit roi. »

Cet oracle du pontife romain n'avoit pas même le
mérite de ceux qu'interrogeoit le paganifme. C'étoit
un grand officier de la couronne qui confultoit, pour
favoir s'il pouvoit l'ufurper ; la queftion avoit été
mieux décidée un fiècle auparavant, par la nation qui
fit périr dans les fupplices ou les tortures Grimoalde
& fon fils, pour s'être rendu coupables du pareil
attentat ; Grimoalde étoit arriere grand-oncle de ce
même Pépin, qui, pour avoir été plus heureux, n'en
fut pas moins criminel. Si Charlemagne fon fils eût
reporté la couronne dans la famille de Méronée, fes
victoires n'en auroient pas eu moins d'éclat, & fa
gloire eût été bien plus véritable ; il eût détourné le
bras vengeur de la providence qui ne ceffa de fe
manifefter fur toute fa race, car fon fils & fa poflérité ne montèrent fur les différens trônes de l'empire
Français, que pour en faire le fiége de toutes les
humiliations & de tous les malheurs.

Il n'y a aucune reffemblance entre la maniere dont
Pépin fe plaça fur le trône, & celle dont y parvint
Hugues Capet : la nation étoit liée à la poflérité de
Méronée, lorfque Pépin commit l'attentat ; le trône
étoit rempli par un defcendant de ce fils, d'une
divinité maritime, fuivant la fable ; il étoit grand

officier de la couronne fous Childéric III ; il devoit à ce monarque l'obéiffance & la fidélité, & comme fon fujet, & comme maire de fon palais.

Hugues Capet n'étoit retenu par aucun de ces liens ; la nation étoit entièrement libre de fes fuffrages. Le trône étoit vacant lorfqu'il y fut appellé : Charles, dernier des Carliens, s'étoit rendu vaffal de l'Empire qui alors étoit détaché de la monarchie françoife. Eh ! de quel droit le defcendant de Pépin, de cet ufurpateur du trône de fon maître, auroit-il pu réclamer le droit héréditaire ? Ce droit eft inviolable dans les principes de la nation ; & c'eft par cette raifon-là même qu'il ne peut être invoqué que dans l'ordre de la fucceffion d'une race légitime.

La feconde race ne reconnut d'autre lien que le ferment, & les François n'en avoient fait aucun à Charles, lorfqu'ils fe foumirent à Hugues Capet.

Je propofe de renouveller dans toute la folemnité cette loi conftitutionnelle à laquelle l'attentat commis par Pépin a pu donner atteinte : fon regne a jetté plus d'éclat que fon crime n'a répandu d'horreur, & le fupplice de Grimoalde & de Childebert fes oncles, n'eft connu que de l'hiftoire : hâtons l'accompliffement des deffeins de la providence qui s'appéfantit fur toute fa race. A l'exemple des premiers Romains, qui vouoient aux dieux infernaux tout confpirateur, déclarons digne de toutes les vengeances de la poftérité la plus reculée, livrons à tous les anathêmes quiconque entreprendroit de troubler l'ordre de la fuc-ceffion, telle qu'il eft établi, & telle qu'il s'eft toujours foutenu dans l'heureufe poftérité de Hugues Capet, pendant le cours de huit fiècles : alors la difcorde ne pourra plus s'envelopper de l'obfcurité des temps, & profiter de notre ignorance pour effayer de nous foulever & de nous corrompre.

Du droit du Roi & des trois ordres. Dans quel cas l'autorité peut prévaloir dans la décifion des queftions, auxquelles donneront lieu les cahiers. En quoi confifte la liberté des peuples.

Il eft une autre loi également digne d'être infcrite dans notre droit public ; celle-ci concerne la part que doit avoir le roi dans la légiflation dont lui - même provoque l'accompliffement.

Le monarque, à l'avenir, comptera-t-il les fuffrages, ou les pefera-t-il ? Prononcera-t-il en conformité d'un vœu étranger au fien, ou décidera-t-il fuivant fa religion & fa fageffe ?

Il faut, pour prononcer fainement fur cette queftion la plus importante qui puiffe s'agiter, fe garantir de l'épidémie des fyftêmes : dans une époque auffi mémorable, il faut moins chercher à étonner nos concitoyens par des penfées fortes & hardies, qu'à fixer leur efprit fur de falutaires vérités.

Nous devons traiter cette queftion avec d'autant plus d'impartialité, que le roi fe dépouille en ce moment de fon droit, & qu'il femble qu'il doit tout décider d'après la pluralité. Manquerions-nous d'être juftes quand lui-même nous appelle à la liberté ?

Il faut bien se garder de croire que la liberté d'un peuple dépende de la maniere de voter.

Cette maniere de voter ne sert qu'à déterminer la forme du gouvernement.

Si tous les individus d'une société avoient le même esprit, la même portion d'intelligence, & les mêmes intérêts, & dans la même étendue ; si tous étoient également éclairés sur les besoins de la patrie ; si tous étoient embrasés de son amour & au même degré ; si l'amour - propre & le desir inné de faire triompher son opinion ne séduisoit pas & n'entraînoit pas la plupart des hommes ; si chacun étoit également à portée de former & de faire valoir son suffrage ; s'il avoit le même empressement à se signaler & à se mettre dans une grande évidence ; si l'éloquence n'avoit & n'employoit que des couleurs vraies & solides ; si l'illusion des prestiges n'entraînoit pas la multitude & ne faisoit pas confondre les apparences trompeuses de la vérité avec la vérité même ; si l'erreur n'étoit pas trop souvent le partage de ceux même qui ont le plus de connoissance, sans doute que, dans la réunion & le concours de tant de choses impossibles, il faudroit que chacun fût appellé pour donner son avis.

Mais puisque la nature de l'homme, puisque l'expérience des temps, puisque l'état des choses nous démontrent que le contraire existe, & que par la formation des grandes sociétés il ne peut y avoir qu'un petit nombre d'esprits méditatifs qui puissent être initiés dans la science du gouvernement, chaque nation ou chaque société a pu & pour son avantage , refferrer ou étendre plus ou moins le droit de fuffrage fans ceffer d'être libre.

Un peuple eft libre lorfque fon exiftence politique eft conforme à fes volontés, & quelle en eft le réfultat.

Une nation riche & oifive, fur-tout fi elle n'eft pas trop nombreufe, doit étendre le droit de voter.

Il en eft autrement d'une nation où la population eft exceffive, où la plupart des individus inquiets, fi les travaux du jour fuffiront à leur exiftence, ne peuvent donner un feul inftant aux affaires publiques, un peuple qui fe trouve dans une femblable fituation ne peut trop refferrer ce droit qui, fans donner à la patrie un plus grand concours de lumières, ne fert qu'à multiplier le nombre des privilégiés, & par conféquent à humilier l'amour-propre des uns, & à enfler celui des autres.

Je fens que l'on ne manquera pas de m'oppofer l'exemple de l'Angleterre, qui, riche, laborieufe & peuplée, admet le concours d'un très-grand nombre de citoyens.

Cette nation eft digne d'être notre rivale, mais elle ne peut nous fervir ni d'exemple, ni de modèle : elle juftifie mes obfervations, loin de les détruire.

Il n'y a pas d'Anglois, depuis la première jufqu'à la dernière claffe, qui ne puiffe participer au gouvernement : la Marine eft le nerf & le berceau de cette grande puiffance : tout citoyen naît matelot. Vouer tous fes enfans au terrible dieu des mers n'eft point un facrifice pour les femmes, c'eft de leur part la plus volontaire des offrandes ; tous ceux qui restent au centre de l'isle, sont livrés à une sorte de dedain.

Entièrement libre & dégagé de l'élément borné qui nous attache, & dont nous tirons toutes nos espérances, l'Anglois se trouve par-tout sur les mers au centre de la méditation ; s'il aborde sur une terre, c'est pour en examiner les productions dont il calcule la valeur, relativement au prix que peuvent y mettre les nations connues.

L'homme en qui cette éducation est naturelle, peut & doit participer au gouvernement ; s'il a des bras pour servir, il a des lumières pour commander.

Ce peuple a élevé fort haut ses destinées, c'est un effet nécessaire de sa position. Gardons - nous bien de comparer à ses représentans ceux que nous pourrions nous donner.

Un Anglois ne voit rien sur le trône qui puisse le tenter. Ce trône est son ouvrage qu'il peut détruire, accoutumé, dès son enfance, à lutter contre tous les élémens ; sa fierté naît, se fortifie & s'aggrandit dans les périls : il ne s'abaisse pas à mandier, & même à recevoir des dons, quand il a le courage d'aller chercher la richesse aux extrémités de l'univers. L'homme ne perd pas ce grand caractere, pour arriver aux placés éminentes ; il ne peut s'en dépouiller un seul instant, quand ce caractere est celui de tout un peuple.

C'est cette éducation qui le précipite dans le feu des guerres civiles ; le citoyen armé ne lui offre qu'un rival à vaincre ; & les élémens qu'il brave depuis qu'il existe, tout ce que le créateur pouvoit armer contre l'homme & la nature.

Je ne tracerai point l'autre côté du parallele ; je me borne à dire que ce qui est une simple qualité dans l'anglois, peut nous être compté pour une grande vertu : il reçoit naturellement ce que nous acquérons par les soins d'une éducation particuliere.

L'Anglois est donc hors de la thèse générale: son exemple ne peut détruire la différence que je mets entre une nation oisive, peu nombreuse & riche, qui peut conserver à chaque individu qui la compose le droit de suffrage dans toute son étendue ; & une autre nation qui est obligée de resserrer ce droit par un effet & une conséquence de son excessive population, qui rend nécessaire, & pour la plus grande partie des sujets, différentes branches d'industrie incompatibles avec l'étude nécessaire pour acquérir les connoissances qu'exige l'administration.

Une peuplade, qui n'a qu'un territoire borné, adopte plus particuliérement la démocratie, où le vœu où le droit de suffrage, est une faculté que tout citoyen doit exercer par lui-même sans pouvoir commettre ; si cette peuplade vient à s'étendre, elle se plie au gouvernement aristocratique, dont le mieux réglé est encore le plus tyrannique de tous les gouvernemens possibles.

Dans ce gouvernement, le droit de voter n'appartient plus à chaque citoyen ; c'est le partage d'un certain nombre de familles, dont la réunion des chefs forme le souverain.

Ces chefs sont les mandataires nés de cet état, & pour tout régler en son nom, soit au dedans, soit au dehors ; leur pouvoir , auſſi étendu que les beſoins de la république , comprend tout ce qui peut intéreſſer la politique , la juſtice & la guerre.

Tout le reſte du peuple eſt exclu des délibérations. Ce gouvernement eſt cependant regardé comme lé-gitime ; c'eſt-à-dire , comme étant compatible avec la liberté. Car , en matiere de gouverment , qui dit juſte , dit libre , & qui dit deſpotique , dit injuſte.

De même que le droit de voter ſe reſſerre de la démocratie à l'ariſtocratie , & paſſe de tout le peuple à un certain nombre de familles choiſies parmi ce peuple ; de même , il ſe reſſerre encore plus dans la monarchie , ſoit élective , ſoit héréditaire. Dans cet état le plus modéré de tous , & par conſéquent le plus parfait , ce droit paſſe de tout le peuple , ſoit à un chef , ſoit à une famille , & toujours pour n'être exercé que par le chef de cette même famille.

Ce gouvernement eſt tout auſſi légitime que les deux autres ; & ſoutenir le contraire , ce feroit , non augmenter les droits d'un peuple , mais bien les reſſerer ; puiſque ce feroit lui ôter une faculté naturelle , celle d'adopter la forme de gouvernement qu'il auroit jugé convenable à ſa ſituation & à ſes mœurs.

Le gouvernement démocratique ou purement répu-blicain diffère des deux autres dans un point eſſentiel. L'ariſtocratie & la monarchie ſont compoſées de deux corps très-diſtincts , & qui n'en font qu'un ſeul dans la démocratie. L'un eſt la nation ou corps ſocial : l'autre eſt l'état ou corps politique.

Ayez cette diſtinction préſente dans toutes les

queſtions auxquelles donnent lieu les prétentions des ſouverains & des peuples ; & vous ſaurez celles que le roi doit décider ſeul, & ſans compter les avis, & celles, au contraire, où il doit décider à la pluralité de ces mêmes avis.

Que vous ayez cent repréſentans ; que vous en ayez dix ou ſeulement un, vous n'êtes pas plus eſclaves dans une poſition que dans l'autre, à moins qu'un tel gouvernement ne ſe ſoit établi par la violence.

Eh ! qui ne voit pas que dans le ſyſtême contraire, la preſque totalité du peuple ſeroit eſclave ?

L'époque mémorable où nous ſommes en eſt elle-même une preuve ; ſi l'on en excepte la ville de Paris, jamais les communes n'avoient été aſſemblées avec plus d'ordre ; jamais les états-généraux n'avoient été ni ſi nombreux ni convoqués avec plus de règle & de ſolemnité ; il eſt cependant facile de démontrer que ce droit de ſuffrage eſt purement illuſoire, & que notre liberté ne peut en dépendre.

Si la liberté dépend du droit de donner & de faire compter ſa voix, ſans que cette voix puiſſe être altérée ou corrompue ; ſur vingt-quatre millions d'habitans que peut contenir la France, il n'y en aura pas cinq cents mille qui puiſſent ſe dire libres.

D'abord toutes les femmes, ſans en excepter une ſeule, ſeront eſclaves ; & puiſque nous voulons nous conduire par les maximes de certains peuples libres, & qui le ſont bien moins que nous, on auroit pu faire une diſtinction en faveur des filles & des veuves qui ſont chefs de maiſon, & auxquelles la république accorde le droit de voter par procureur ; toutes les femmes, dans le fyftême que je combats, feront efclaves ; c'eft-à-dire, qu'elles feront plus avilies que l'efpèce des brutes ; elles ont cependant le droit d'être comptées : elles foutinrent les vertus de Sparte ; elles retardèrent la chûte de Cartage par d'éclatans facrifices. Dans Rome elles fe montrèrent romaines : dans Londres, comme je viens de l'obferver, elles placent le berceau de leurs enfans au milieu des flots en couroux : elles ne pâliffent pas à la vue des guerres civiles ; elles commandèrent les armées d'Angleterre ; elles firent face aux Romains, & fe préfentèrent contre les légions commandées par leurs chefs les plus importans. Mais, pourrions - nous oublier que les femmes dont nous defcendons, contribuèrent à la conquête de ce beau royaume. Ouvrez vos, annales & vous verrez qu'elles célébroient leurs noces au milieu des camps où la licence n'entra jamais : vous les verrez interrompre ces feftins fi chers & monter fur leurs chariots pour donner à vos premiers aïeux le fignal du combat : vous verrez plus, vous les verrez forcer les fuyards de revenir fur leurs pas, & les attacher à la victoire qu'ils vouloient abandonner & trahir.

Il faut cependant écarter ces tableaux du fujet que je traite. J'ai pu les préfenter, puifqu'ils ont été faits par les plus grands peintres qu'ait eu l'antiquité, & furtout par l'hiftorien *Tacite* qui admet encore les femmes aux fonctions d'un redoutable facerdoce.

Je confens, puifqu'on le veut, que les femmes

ſoient comptées pour rien : j'y conſens, quoique nous ayons vu de nos jours deux princeſſes ſe montrer vrais rois ſur le trône, & leur donner, comme à toute la terre, les plus grands exemples. Nous regrettons l'une dont la mémoire ſera toujours chere à l'Europe, nous admirons, nous contemplons toujours l'autre.

Marie-Théreſe fut un héros quand il fallut l'être ; & dès qu'elle put renoncer au funeſte éclat des victoires, elle poſa ſur l'autel de la paix les lauriers long-temps diſputés au brave & ſavant Svrin & moiſſonés ſur le grand Frédéric.

Ouvrez tous les livres de l'hiſtoire, parcourez-en tous les tableaux, & montrez-moi celui d'un prince qui, dans une heure, rend pour toujours docile un peuple qui, depuis pluſieurs ſiècles, n'avoit été gouverné que par des échafauds : le grand Léopold, le digne rival de Louis XIV, ne put ni gouverner ni vaincre les Hongrois rebelles : Marie-Théreſe fit plus que de les gouverner & de les vaincre ; elle ſçut les attacher par les liens d'un amour que le temps n'a point affoibli : le Hongrois indomptable tombe à ſes pieds, où il abjure la haine qu'il devoit à ſa race ; le ſabre nud, il jure ſur le berceau même de cette race de vivre ſous ſon obéiſſance, & de mourir pour elle.

Joſeph II, qu'alloitoit cette femme héroïque, & dont le premier ſoin, lorſqu'il vint en France, fut de viſiter nos hôpitaux, étoit dans ce berceau.

Son auguſte mere lui aſſura le ſceptre de l'empire qu'elle avoit déja mis dans les mains du grand duc son mari, malgré l'Europe conjurée. Des bruits funebres se répandent, & nous font craindre qu'il ne soit déjà associé aux regrets qu'elle excite.

Jeanne d'Arc, dont le bras sauva la France, & qui allia tant d'ingénuité & d'innocence à tant de courage, seroit-elle effacée de notre souvenir ?

Faut-il qu'un événement si extraordinaire ait été terminé d'une maniere si tragique ! Cette héroïne a-t-elle pu être trahie par ceux dont elle avoit effacé la honte, & qu'elle avoit sauvé du péril !

Je retranche donc les femmes & je réduis beaucoup au-dessous du quart, & à proportion des femmes & des enfans, les vingt-quatre millions d'hommes dont on prétend que la France est composée.

Je n'admets que quatre millons d'hommes qui se partagent en élisans, en électeurs & en élus ou députés.

Combien de citoyens qui n'assisteront point aux élections, seroient cependant en état d'être élus ? combien d'autres qui auroient également toute la capacité pour diriger l'opinion publique & la fixer sur le meilleur plan, se présenteront pour être électeurs & ne le seront pas ; & seront par conséquent privés même d'assister à la nomination des députés ?

Combien d'autres encore obtiendront cette faveur de leur importance, du crédit, de leur manège & de leur souplesse, quoiqu'ils n'aient que des facultés empruntées ou seulement locales, & même quelquefois qu'ils n'en aient aucune.

Combien d'autres, enfin, obtiendront cette même faveur d'une circonstance imprévue, & telle qu'il peut eu arriver mille, quoiqu'indifférentes, pour décider des connoissances & du mérite ?

Cette circonstance a presque tout décidé dans l'assemblée des districts de Paris, où les individus d'un quartier de cette capitale s'ignorent presque tous les uns les autres, & où les corporations subalternes ont, eu tout l'avantage.

Le hasard, dans une ville immense & remplie de personnes d'un mérite éminent, a cependant assuré à la patrie des voix intéressantes & dignes d'être comptées ; il en est plusieurs que la voix de tout le peuple auroit proclamés unanimement.

Dans ces différentes positions la plus grande partie des suffrages est déjà perdue ou enchaînée.

Un seul député doit représenter plusieurs communes, & même plusieurs villes du dernier ordre.

Il votera pour ces différentes villes, quoiqu'elles puissent avoir formé différens vœux incompatibles, son vœu sera donc destructif de celui d'une ou plusieurs communes, si encore il ne détruit pas les vœux de toutes les communes qu'il représente.

Quelque précaution que vous preniez, vous ne remédirez jamais à ces inconvéniens, vous n'empêcherez jamais que le plus grand nombre des suffrages ne soit réellement perdu, & même que cette perte ne puisse être celle de la portion la plus sage.

La liberté de la presse & l'invitation faite à tous les citoyens de jetter dans un tronc les idées utiles qu'ils peuvent avoir, donnent à chacun le droit de conseil ; mais elles prouvent en même temps l'impos-

sibilité

fibilité de conferver à chacun le droit de voter.

Ceci fuffiroit pour opérer la démonftration que la liberté fociale eft indépendante du nombre des repré-fentans qu'un peuple a entendu fe donner.

Eh ! qui ne voit pas toute l'illufion, toute la nullité des pouvoirs donnés par la commune à fes députés. Puis-je raifonnablement dire à mon élu : « je vous » donne le pouvoir, non-feulement de penfer comme » je penfe, mais bien encore, comme je penferois, » fi, comme vous, j'étois admis dans cette grande » affemblée, où vous entendez régler les deftins de » tout l'empire : je vous inveftis de toutes mes con-» noiffances, & je vous doue du talent de pouvoir » varier mon opinion, autant de fois que le choc de » toutes les autres auroit exigé de moi quelque mo-» dification ou quelque réforme. »

Plufieurs communes ont fenti la difficulté, auffi ont-elles févérement enjoint à leurs députés de rentrer dans leur fein, pour en conférer & recevoir de nouveau leur avis & leur vœu.

Ce remède eft encore imparfait, les états-géné-raux opèrent néceffairement de grands mouvemens dans le corps politique & dans l'ordre focial : on peut en avoir le defir, mais il n'eft pas poffible de les rendre perpétuels, ni de les rapprocher de plus près de cinquante ans. Aucun françois ne donnera à fes rois le confeil d'entretenir près d'eux une affemblée, qui, dans un inftant d'effervefcence peut opérer une révolution. La tige royale n'eft pas toujours entourée d'autant de rameaux, & l'homme immortel qui

B

veille aujourd'hui près du trône, n'y sera pas toujours.

Combien d'hommes qui, faute d'avoir leur état fait aujourd'hui, ne pourront assister aux assemblées, & qui pourroient y assister dans un mois ? partez de cette hypothèse ; & voyez combien d'hommes, qui mourront dans cinquante ans, seront forcés d'obéir à des loix auxquelles ils n'auront pu participer. Tout prouve donc que la liberté sociale est indépendante du vœu que pourroit former chaque citoyen.

Cette liberté dépend des mœurs, qui jamais ne peuvent être impunément violées ; & des institutions qui préviennent les abus, qui sans cesse tendent à corrompre tous les gouvernemens.

Les loix sont l'ouvrage des hommes, une heure suffit pour les détruire ; mais les mœurs sont l'ouvrage du temps, lui seul peut les changer. Ces mœurs, loin de plier sous le joug, font fléchir les tirans & les ont toujours fait disparoître de la scène du monde.

La liberté peut dépendre des loix : mais ce n'est pas à une nation assemblée avec précipitation qu'il est donné d'en faire de bonnes ; c'est à la sagesse qui les grave sur les pas du temps, & découvre dans la rapidité de sa course les abus que ces loix doivent détruire & prévenir. Tout ce que peut, tout ce que doit une nation assemblée, est de faire revivre les loix, dont l'oubli a occasionné des malheurs certains, & d'en abroger d'autres contre lesquelles des malheurs, également certains, ont excité des réclamations persévérantes. Elle peut encore inscrire celles qui ont en leur faveur, les vœux soutenus de tout un peuple.

Et ce qu'elle doit sur-tout empêcher, est l'application arbitraire & la violation de celles que ni le temps ni l'autorité n'ont abrogées.

Prince confiant & magnanime oppofez-vous à toute novation, pour peu qu'elle vous montre quelque danger pour vos peuples : fi on vous propofe une loi, dont votre efprit & votre cœur ne voyent pas ne fentent pas la bonté, gardez-vous de la placer fur les tables, auxquelles votre nom chéri des deux mondes, affure l'immortalité.

Et fi vous vous apperceviez que des loix dictées par la fageffe & par l'humanité ne s'exécutaffent pas, il faudroit faire tout le contraire de ce que faifoient les Athéniens, qui écrivoient tout : il faudroit ne rien écrire.

Ce que je dis ici du peu d'influence du droit de vœu ou de fuffrage fur la liberté populaire ou fociale, ne doit pas porter à croire que j'entende méconnoître l'utilité des affemblées nationales; je crois celle-ci très-néceffaire. Quels que foient les foins, quelles que foient les longueurs qu'exige cette forme, toute confidération doit ceffer devant de fi grands intérêts : la monarchie eft formée, mais elle n'eft réglée dans aucune partie.

Cependant, je fens que j'ai préfenté des difficultés, fans réfoudre la queftion : dire qu'un peuple ne ceffe pas d'être libre, pour avoir plufieurs mandataires, ou pour n'en avoir qu'un feul, c'eft, m'obfervera-t-on, faire entendre que le monarque, feul mandataire dans une monarchie, auroit droit de tout régler par sa seule autorité.

C'est ici que je demande toute l'attention de l'impartialité : il y a deux sortes de choses qu'il est essentiel de ne pas confondre ; il en est qui n'intéressent que l'état, & où le sujet n'a qu'un intérêt relatif à celui du souverain : dans celles-là, le monarque décide tout par sa seule autorité, il ne peut prendre que des conseils ; il en est d'autres, au contraire, où le souverain, à son tour, n'a qu'un intérêt relatif à celui du sujet ; dans celles-ci, le sujet agit librement, & le monarque n'intervient que pour le seconder : dans le premier cas, l'autorité est un droit dont il use ; dans l'autre, c'est un secours qu'il donne au sujet ; dans les deux, c'est un devoir qu'il remplit.

Au fond, il est peu de personnes qui ne puissent résoudre cette question : il suffit de s'interroger, & de se demander à soi-même ce qu'une société peut confier au souverain qu'elle institue.

Elle ne lui confie ni sa religion, ni sa liberté, ni ses biens, ni ses propriétés, ni ses loix qui lui servent à régler ces propriétés.

Loin qu'elle entende donner au souverain les droits qu'elle a sur ces quatre objets, elle ne contracte avec lui que pour qu'il les maintienne & les defende.

Dès que le souverain est institué, il forme son corps d'état ; c'est-à-dire, qu'il prend tous les agens qui lui sont nécessaires, pour veiller au dehors pour préserver la société des dangers qui la menacent, & au dedans, pour que les loix s'exécutent ou que la juſtice ſoit rendue , & que l'ordre ne ſoit pas troublé : on voit dès-lors que la politique., la guerre & la police générale lui appartiennent ; il eſt ſouverain légiſlateur, mais ſeulement dans tout ce qui intéreſſe ces diffé-rentes parties.

Les loix ſecondaires , j'entends celles qui aſſurent l'exécution des premieres, découlent de ſon autorité.

Il demande à la ſociété tous les hommes qui lui ſont néceſſaires , & tels que ſon choix les indique ; lui ſeul doit fixer ce choix ; car , outre que ſa propre gloire en dépend, il eſt encore reſponſable de celle de la nation.

D'après ces principes, contre leſquels il eſt impoſ-ſible de rien oppoſer , & qui ſont également vrais dans les trois ſortes de gouvernemens , autres cepen-dant que la démocratie parfaite , où, comme je l'ai obſervé, l'état politique & l'état ſocial ſont confon-dus , la ſociété eſt libre , & même indépendante du ſouverain.

Il eſt peu vrai de dire que, dans toute ſociété politique , il y a deux corps , dont l'un commande & l'autre obéit ; chacun de ces deux corps eſt éga-lement libre , l'un & l'autre rempliſſent les loix du con-trat qui les unit.

Dans tout gouvernement purement civil, tel qu'il ſoit, il n'y a de vrais ſujets que ceux qui entrent dans le corps de l'état, & s'en rendent ainſi volon-tairement les agens.

D'après l'état actuel de toutes les monarchies mo-dernes, le citoyen n'a aucune charge de corps, &

c'eſt cette charge qui conſtitue proprement la ſujétion.

Il n'eſt tenu à aucun ſervice perſonnél, le ſouverain lui remet ſon droit, au moyen de la taxe qu'il leve ſur lui.

Cette taxe n'eſt point une marque de ſervitude : c'eſt l'échange de la charge perſonnelle, à laquelle tout membre du corps ſocial s'eſt volontairement ſoumis par le contrat ſoit exprès, ſoit tacite.

Si la monarchie françaiſe étoit purement civile, tout citoyen, au moyen de cette taxe, ſeroit dans une indépendance abſolue du ſouverain.

Tout agent de l'état, ou, ce qui eſt la même choſe, tout ſujet du corps politique eſt dans une dépendance directe du ſouverain ; il eſt ſujet à toutes ſes loix, qu'il modifie ou qu'il change autant de fois qu'il le veut : & ce ſont ces loix qui peuvent s'intituler *de par le Roi*, & ſe terminer par cette formule, *tel eſt notre plaiſir*.

Mais, pour ce qui eſt de la religion, de la propriété & des loix établies pour régler les propriétés, le roi ne peut rien ſans le concours de la ſociété : je ne parle pas de la liberté, car la réunion du ſouverain & de la ſociété ne peut la contraindre.

Dans toute ſociété poſſible, l'homme doit jouir de la liberté ; j'entends par ce mot, l'exercice naturel de toutes les facultés de l'eſprit & du corps, autant qu'elles s'accordent avec la conſcience & la raiſon,

& avec les loix qui font compatibles avec cette raifon. (1)

Ni le fouverain, ni la fociété ne peut foumettre le citoyen à être mis en prifon, à être déshonoré, flétri, condamné à la mort arbitrairement; le citoyen ne pourroit même foufcrire à une telle loi.

Un droit réfervé à la fociété, & où le roi ne peut intervenir que pour fceller de fon autorité la volonté générale, eft la réforme que pourroient exiger les loix municipales & les jurifdictions.

Il importe, fans douté à la majefté du trône qu'un

____

(1) Il n'eft pas de raifonneur plus profond que l'auteur du contrat focial, mais j'ofe affurer qu'il a pris fes définitions loin de la compofition des états modernes : il fe trompe évidemment fur la *liberté naturelle* de l'homme, qu'il regarde comme incompatible avec l'état focial ; l'homme étant un être raifonnable, *fon appétit* n'eft point un droit dont la privation gène la liberté générale, quand il eft réduit à le fatisfaire aux dépens de ce qui eft à lui. La liberté naturelle de l'homme n'eft pas la liberté naturelle du loup, qui lui donne la liberté de dévorer tout animal plus foible que lui. L'humanité eft un befoin de l'ame dans l'homme, comme l'appétit eft un befoin du corps; la raifon qui décide entre ces deux befoins pofe les limites ; cette raifon éclaire l'homme fur fon droit, & réduit fa liberté naturelle à celle dont nous pouvons jouir dans tout état focial.

Les droits dont jouit le fouverain, étant tous bornés à ceux qu'exige la protection qu'il me doit, affurent ma *liberté naturelle*, autrement on dira que défendre & protéger, c'eft détruire.

B 4

peuple ait de bonnes loix, puifque leur fageffe lui procure infiniment plus de gloire que l'éclat paffager des triomphes ; cet éclat peut s'éclipfer d'un regne à l'autre.

Mais, le contrat étant cenfé avoir pour objet la confervation des loix antérieures, la juftice veut qu'elles s'exécutent, & que le roi ne puiffe en opérer le changement que par la force de la perfuafion.

Les partifans de l'autorité m'oppoferont que je parle dans les principes des monarchies en général : mais que la nôtre a des caracteres particuliers, & qu'elle en a fur-tout deux qu'elle ne peut perdre.

La couronne, nous dit-on, eft un grand fief qui retient par les liens d'une obéiffance particuliere, qui-conque poffede des propriétés foncieres dans tous les lieux où elle s'étend ; l'état eft cenfé propriétaire de toutes les terres qui, dans les principes de ce gou-vernement, ne forment qu'une feule glebe ; on ne peut être admis au partage de cette glebe, on ne peut rien en retenir qu'en rendant la foi & l'hom-mage, premier gage & premier titre de l'obéiffance.

Vous demandez, m'ajoute-t-on, où font vos loix conftitutionnelles ? Il n'y a pas un feul jour dans l'année, non, il n'y a pas un feul jour, où le contrat qui nous unit au fouverain, ne fe renouvelle ; puifqu'à chaque mutation le nouveau propriétaire rend la foi-hommage, qui fe reporte toujours au roi.

Enfin, ajoute-t-on encore, cette monarchie, qui, comme vous le voyez, a un caractere & des droits qui lui font propres & particuliers, participe encore de la théocratie qui lui donne un second caractere.

J'aurois le desir d'être injuste, que je ne pourrois me refuser à l'évidence : je sais que c'est de la réunion de ces deux caracteres que sont tirées les maximes de l'absolu pouvoir, & sur-tout celle qui ne permet pas que, dans aucune circonstance, le roi puisse jamais être contraint par la force.

Je sais, & je dois convenir encore que le commerce, si nécessaire pour rendre un état florissant, s'est introduit parmi nous ; non en conséquence d'un droit particulier, auquel la nation ait concouru ; mais seulement en conséquence du droit des gens. Nos rois en ont senti l'importance ; les négocians, plus ou moins favorisés, ont formé au milieu de nous un monde nouveau.

Je sais que c'est par une suite de ces vérités que toutes les loix qui sont intervenues sur les matieres de commerce, sont émanées du trône ; mais elles ne peuvent servir pour retarder le retour à des principes auxquels une nation est censée ne pouvoir valablement renoncer.

La monarchie n'est plus ce qu'elle étoit sous Marcomer & sous Sunnon ; ce sont les premiers chefs dont les noms se sont conservés : elle n'est pas ce qu'elle fut sous Pharamond, Mérouée ou Clodion, & l'état de la France n'est pas non plus le même que sous Clovis, le premier qui y ait eu un véritable empire. La face de l'Europe, & même celle du monde entier, sont absolument changées ; les arts avilis étoient exercés par une classe dédaignée, comme étant le rebut de celle des colons, efpece d'efclaves attachés à la terre : des étoffes groffieres, préparées & arrangées par ces êtres fans goût & fans génie, étoient l'unique parure de nos guerriers, les feuls, qui, avec ces triftes colons, partageaffent ces terres malheureufes, les uns pour en dévorer les fruits, & les autres pour les faire naître.

Dans les premieres époques de la monarchie, & pendant l'éclipfe qui accompagna & fuivit la chûte de l'empire romain, les nations ne communiquerent que par leurs ambaffadeurs : d'efpeces de transfuges, honorés du titre de pélerins, pouvoient feuls fatisfaire notre curiofité fur ce qui fe paffoit dans les pays étrangers.

Le commerce a introduit de plus nobles hôtes & d'autres agens; les arts ont forti de cet aviliffement, & ces colons, élevés à la dignité de l'homme, ont produit ces chefs-dœuvre, qui, chaque jour, reçoivent l'hommage volontaire de cette claffe, autrefois trop orgueilleufe & trop multipliée, qui prétendoit n'exifter que pour en recevoir.

Depuis environ feize fiecles que notre nom eft connu, nous avons entierement changé; la révolution qui s'eft opérée dans les mœurs, dans l'exiftence réelle & dans le fyftême des nations ne nous permet pas de remonter à ces époques reculées. Le gouvernement féodal qui affuroit au monarque autant de foldats qu'il exiftoit d'hommes en état de fervir, convenoit à des peuples qui ne connoiffoient, qui ne cultivoient & qui n'aimoient que la guerre.

D'autres inclinations, d'autres goûts, d'autres mœurs, d'autres befoins exigent une autre forme de gouvernement, & dès que cette révolution peut s'accomplir fans aucune diminution de l'autorité royale & fans nuire aux intérêts d'aucun corps, la raifon & l'intérêt de tout le peuple exigent qu'elle s'accompliffe.

Il faut jurer de nouveau au roi cette obéiffance qu'il reçoit du gouvernement féodal, & reconnoître fon autorité à ce titre dans la juftice & dans les armées; il faut également maintenir les droits que lui donne le mélange de ce gouvernement avec la théocratie qui fait refpecter & même rend facrée cette autorité qu'il exerce fur les eccléfiaftiques & fur les juges; mais il faut que ce foit dans les juftes diftinctions que j'ai établies, & qui font les limites naturelles des gouvernemens légitimes pris dans leur pureté & dans leur effence. Je veux que le corps focial conferve tous fes droits, quant à fa religion, à fes propriétés, à fa liberté & aux loix qui font cenfées avoir précédé l'inftitution de la royauté, & qui font regardées comme ayant été la caufe de cette inftitution.

Bien des perfonnes voudroient réclamer au nom de la nation le droit de faire la guerre; mais la nation eft le corps focial: elle ne peut jouir d'un droit qui eft effentiel au corps politique: la nation n'a point l'œil fur ce qui fe paffe au dehors; elle ne peut fuivre les deffeins des puiffances rivales ou ennemies; elle ne peut entrer dans le cabinet des puiffances alliées;

ne pouvant rien examiner ni connoître, elle ne peut rien décider ni ordonner. Auſſi dans les monarchies mixtes ou limitées, même en Angleterre, le droit de décider de la paix ou de la guerre réſide-t-il tout entier dans la perſonne du roi.

Cette diſſertation fait aſſez connoître les droits du roi & ceux des trois ordres, pour réſoudre les queſtions auxquelles pourront donner lieu les cahiers, & pour les décider, ſoit d'apres la ſageſſe & la religion du monarque, ſoit d'après le plus grand nombre des avis.

Tel droit intéreſſe le corps ſocial, que le peuple décide.

Tel autre eſt inhérent à la ſouveraineté, que le roi décide.

Réfutation de la fauſſe maxime qui met entre les mains du peuple la puiſſance légiſlative & la puiſſance exécutive entre celles du roi.

Les publiciſtes qui, les premiers, ont diſtingué deux puiſſances dont ils ont conſervé, l'une à la nation, & dont ils ont donné l'autre au prince, ont introduit une maxime auſſi fauſſe que funeſte, & qui fera le malheur de tout état où elle pourra s'introduire.

La puiſſance exécutive ne doit point être ſéparée de la puiſſance légiſlative ; la nation ne doit point avoir l'une & le ſouverain l'autre.

La nation doit avoir le pouvoir de faire des loix, que l'on pourroit appeller loix eſſentielles, c'eſt-à-dire, d'après mes obſervations, celles qui aſſurent les propriétés, qui en reglent l'uſage, & celles qui établiſſent, qui limitent ou étendent les pactes & les conventions des particuliers entr'eux ; elle doit également avoir le pouvoir de les faire exécuter.

Ce double pouvoir, cette double puiſſance dans le peuple ne gêne aucunement la ſouveraineté.

De ſon côté, le prince doit avoir la puiſſance de faire toutes les loix que j'ai appellées ſecondaires, & qui tendent à aſſurer l'exécution des premieres ; il doit avoir auſſi le pouvoir de les faire exécuter.

Dans ce double pouvoir du prince, on ne voit rien qui gêne la liberté populaire.

Il faut bien diſtinguer entre jouir de la liberté ou exercer la puiſſance publique.

Ces publiciſtes ont fait une confuſion, dont leur erreur a été la ſuite, & leur fauſſe maxime une conſéquence.

Ils n'ont point diſtingué, comme ils le devoient, le droit, du pouvoir ; ils n'ont pas diſtingué non plus, lorſque le prince exerce une autorité relative & de pure protection ou d'inſpection, ou lorſqu'il exerce une autorité qui lui eſt propre ; la premiere qui émane du droit de la nation, l'autre qui émane du droit propre à la ſouveraineté.

La nation établit différentes loix, concernant les conventions entre les particuliers qui la compoſent ; l'examen que le ſouverain fait de ces loix, ne doit être que pour s'aſſurer ſi les droits de la ſouverai-neté ne ſont pas compromis, & s'il n'en réſulte pas d'oppreſſion pour ſon peuple ; au reſte, que ces loix s'exécutent par ſes officiers, cette exécution n'en émane pas moins du pouvoir de la nation ; c'eſt elle qui ordonne, le roi ne fait que permettre & protéger.

Le roi crée des officiers pour faire exécuter & pour exécuter ces mêmes conventions ; il fait des loix qui reglent la conduite & les droits de ces officiers ; ces loix doivent être préſentées à la nation, mais ſeulement pour s'aſſurer qu'elles ne détruiſent pas les premieres. Ces loix faites par le ſouverain ſeront exécutées par ſes ordres & par les agens de ſon autorité ; il exerce, en ce cas, la puiſſance légiſlative & la puiſſance exécutive : & qui que ce ſoit ne peut dire que, dans l'exercice de ce double pouvoir, il y ait rien qui répugne à la liberté populaire, & par conſéquent aux principes d'une conſtitution ſage.

Au ſurplus, que tout ſe faſſe ſous l'autorité du prince, cela ne peut intéreſſer les deux pouvoirs de la nation, dans les droits qui lui ſont eſſentiels ; c'eſt un droit de la ſouveraineté que tous les actes publics portent ſon empreinte.

La diſtinction des deux pouvoirs eſt le germe qui doit néceſſairement opérer la deſtruction d'un état ; elle l'expoſe ſans ceſſe à la confuſion & à tous les déſordres de l'anarchie.

Elle eſt humiliante, ſur-tout pour le ſouverain qu'elle réduit à un double eſclavage ; puiſque, non ſeulement, il faut qu'il donne ſa ſanction à une loi à laquelle il n'a point participé & qui lui répugne, mais même qu'il faſſe exécuter une telle loi.

Ces mêmes publiciſtes nous diront que le prince n'eſt pas tenu d'y donner ſa ſanction : mais alors, je le demande, qu'elle ſera la ſituation de votre état, s'il plaît à la nation d'inſiſter ſur ſa loi?

La nation ſera donc diviſée d'avec ſon ſouverain, & qui ne voit pas alors les dangers de cette inaction & de cette rivalité?

Vous évitez tous ces malheurs, lorſque vous attachez les deux pouvoirs de la nation aux droits qui lui ſont eſſentiels, & que vous les lui conſervez à ce titre; vous les évitez, lorſque vous attachez les deux pouvoirs du prince aux droits qui ſont eſſen‑ tiels à la ſouveraineté.

Votre état eſt alors dans l'harmonie la plus parfaite. (1)

Je ſoumets ces obſervations à l'énergique auteur de l'ULTIMATUM; il eſt le partiſan de la maxime des deux pouvoirs : « Toutes les claſſes en équilibre, dit-il, par la » nature même des choſes, ſeront le plus ferme appui de » l'autorité royale, qui pourra tout avec elles & rien » ſans elles. » Je demande ſi une choſe qui eſt en équi‑ libre peut être un appui ferme?

D'abord, dans la réunion des deux corps, il n'y a point d'éliquilibre; les deux côtés de la balance n'en font qu'un, & quand ils ſe diviſent, quand l'un veut & l'autre ne veut pas, ils reprennent l'équilibre, qui eſt plus ou moins parfait, ſuivant qu'ils ſont plus ou moins égaux; plus cet équilibre eſt parfait, plus auſſi leur inaction eſt parfaite.

Cet auteur fait dépendre la perfection de la loi de cet

Prenons quelques exemples : le roi a déclaré ne pas renoncer à ſes nouvelles loix, mais ſeulement vouloir les ſoummettre à l'examen de la nation aſſemblée.

Je ſuppoſe que la nation délibere ſur l'abolition de la ſellette ; elle examinera ſi cet uſage eſt eſſentiel à la religion, à ſes propriétés, à la liberté & aux loix faites pour les maintenir ; ne voyant rien qui intéreſſe ces quatre objets, elle ne conteſtera au monarque ni le droit d'avoir fait cette loi, ni celui de la faire exécuter.

Par quelle fatalité douloureuſe, des juges, amis des hommes, & ſi juſtement chéris & révérés de la nation, qui leur doit ſon bonheur ont-ils pu maintenir cet uſage qui humilie, qui trouble l'innocence, & ne lui laiſſe que les ſanglots pour réponſes ?

LE ROI DIRA à la nation : les loix ſont toujours l'ouvrage des hommes, & quelque perfection qu'elles

---

équilibre, mais je le cite à ſon ſeul tribunal, & je lui demande ſi une loi diviſée dans ſon principe, puiſqu'elle eſt le réſultat du combat de deux corps rivaux, ne perd pas ſon caractere le plus eſſentiel, qui eſt ſa ſtabilité ? une loi ſera agréable à la nation, une autre le ſera au ſouverain, & chacune de ces deux loix ſera odieuſe à l'un ou à l'autre ; ces deux loix n'attendent donc que l'inſtant où un deux pourra détruire l'une & maintenir l'autre.

aient ,

aient, ou qu’on leur suppofe, elles n’ont point empêché jufquici ces erreurs qui ont conduit l’innocence aux fupplices : tant de réhabilitations, enregiftrées dans vos tribunaux, ne vous permettent pas de vous abufer.

Des malheurs de cette nature m’ont rempli de la plus profonde douleur : j’ai fait éteindre les buchers où l’un de ces tribunaux alloit réduire en cendres la Salmon, dont un autre tribunal a reconu & proclamé l’innocence ; j’ai encore renverfé l’échafaut où trois innocens alloient périr, victimes de la même erreur. Les juges qui avoient condamné la Salmon, ont abfou ces trois innocens, qui avoient été condamnés par le tribunal qui a ainfi proclamé l’innocence de cette fille : ces deux réhabilitations, fans exemple jufqu’alors, puifqu’il étoit d’ufage d’exécuter préalablement les condamnés, ont eu lieu dans la même année.

Déterminé par ces exemples, il feroit dans mon cœur d’abolir la peine de mort ; mais, puifque je fuis réduit à la laiffer fubfifter, je veux qu’elle foit reftrainte au cas où elle eft jufte ; & concerter avec vous des loix fi fages que l’on ne puiffe reprocher à leur imperfection la condamnation de l’innocence.

Des larmes feront la feule expreffion de la reconnoiffance que mérite un difcours fi tendre.

Français ! ce difcours n’eft point imaginaire : c’eft celui de votre Roi ! Il eft conforme à fes actions.

Nos loix font fi défectueufes que le Roi pourroit

les réformer, fans confulter la Nation : il eft im-
poffible de les rendre plus mauvaifes ; & il fe propofe de les adoucir. Mais cette partie de la légiflation intéreffe effentiellement le corps focial ; dès-
lors c'eft à la Nation à faire ces loix ; fauf au Roi
à les examiner, pour ce qui le concerne comme fouverain & comme protecteur de la vie & de l'honneur de fes fujets.

Le fouverain doit-être très attentif à ce qu'il ne
s'introduife aucun arbitraire dans la légiflation criminelle ; autrement il faut tôt ou tard qu'il perde fon
autorité. Si l'innocence peut être impunément avilie,
emprifonnée, torturée, flétrie condamnée, ce n'eft
plus le fcélérat qui tremble ; c'eft l'homme de bien.
Quiconque chérit l'honneur fléchit néceffairement
fous le bras qui tient le glaive de ce terrible arbitraire.

Ce qui intimide, ce qui fait pâlir l'innocence eft
ce qui enhardit & raffure le crime ; car l'impunité
eft le reffort odieux de cet affreux pouvoir. La vertu
ne connoît plus d'azile ; &, dès qu'il exifte un déla-
teur, on peut compter une victime.

La France n'eut jamais à craindre le règne des
Caligula. Mais elle n'en doit pas moins prendre
toutes les précautions contre l'iniquité ; elle ne doit
pas oublier que l'on vit des juges, après avoir retenu l'innocence dans les cachots, multipliér encore
les intérogats, non dans l'efpoir de parvenir à la
condamner, mais pour avoir le temps d'imaginer

des prétextes pour ne pas l'abfoudre afin de fauver le calomniateur.

Oh! vous qui que vous foyez , & qui vous trouvez aujourd'hui près du plus jufte des Rois , fouvenez-vous de cette loi magnifique que le grand Juftinien a placée à la tête de fon reccueil immortel. Faites enforte que la punition du calomniateur foit inévitable (1).

» Que la majefté de l'empire s'annonce par l'éclat
« & la profpérité des armes ; qu'elle s'annonce
« par la fageffe & l'autorité des loix : par ce
» concours néceffaire l'état eft également floriffant
» dans la paix & dans la guerre : le prince doit
» vaincre fes ennemis dans les combats & fuivre
» les calomniateurs dans les routes tortueufes de leur
» crime. Il doit en extirper la race. Religieux &
» magnifique qu'il jouiffe d'un double triomphe ,
» fur des ennemis vaincus & fur des coupables dé-
» couverts & punis »

---

(1) Imperatoriam majeftatem, non folùm armis decoratam , fed etiam legibus, oportet effe armatam, ut, utrumque tempus, & bellorum, & pacis, rectè poffit gubernari; & princeps Romanus, non folùm in hoftilibus præliis, victor exiftat, fed etiam, per legitimos tramites, calumniantium iniquitates expellat, & fiat tam pacis, quàm victis hoftibus, triumphator magnificus.

.. Je ne demande point qu'on outre les peines : c'eſt manquer leur objet : elles ſont ſont toujours ſéveres, lorſqu'elles ſont inévitables. La loi ne doit jamais être cruelle , même lorſqu'elle punit l'homme dégradé que ſes paſſions & le beſoin ont rendu féroce.

L'autorité aura moins à craindre , à proportion que la loi ſera-plus équitable & qu'elle ſera plus ponctuellement exécutée.

LE ROI DIRA à la Nation. Depuis pluſieurs ſiecles , vos provinces ſont réunies à ma courone ; vous avez les mêmes mœurs ; & cependant d'un village à l'autre vos coutumes ſont ſi différentes , que , dans les moindres événemens vous êtes obligés de conſulter. Je voudrois vous réunir à un ſeul code. Que les plus ſages d'entre vous s'aſſemblent & le compoſent.

LE ROI DIRA : vos juſtices ſont mal diſtribuées : ici vous avez des juges oiſifs , & là des juges ſurchargés. Dans les unes , l'ignorance occaſionnée par la rareté des matieres ; dans les autres , la précipitation des jugemens occaſionnée par le deſir & en même-temps par l'impuiſſance de tout juger occaſionne des erreurs, dont j'ai ſouvent gémi.

Il y a des tribunaux où il ſe préſente tant de cauſes que toutes les heures de l'année jointes enſemble ſuffiſent à peine pour lire les demandes des parties : il ne ſuffit pas de lire les demandes : il faut lire les défenſes & la plupart des juges des tribunaux qui font ainſi ſurchargés diſent hautement qu'ils ne les liſent pas ; lors même qu'elles font imprimées & ſignées , des juriſconſultes les plus conſomés dans la ſcience du droit.

Vous avez interdit la défence dans les matieres criminelles , & voilà ce qui a pu occaſionner la condamnation de l'innocent.

LE ROI DIRA : les juſtices ſont patrimoniales & territoriales ; mais d'un côté, il ſera facile de déſintéreſſer les ſeigneurs juſticiers ; de l'autre , il eſt plus important pour mes peuples d'avoir de bons juges, que d'avoir une multitude de ſiéges dont la plûpart ne ſont ni occupés ni remplis (2).

---

(1) Je crois pouvoir aſſürer que j'ai un plan général, qui remplit tous les projets patriotiques que l'on a conçus, ſans nuire aux intérêts de qui que ce ſoit : j'ai tout dirigé d'après mes principes, que tout contrat paſſé ſous la foi publique doit être exécuté, & que la réunion du corps ſocial & du corps politique ne peut légitimer une injuſtice envers un ſeul particulier ; je regarde le regître du greffier , l'étude du procureur, objet de tant de déclamations, du même œil que le comptoir du marchand & la charrue du laboureur.

Je veux que l'on ne puiſſe procéder à la réforme de chaque claſſe, qu'en ſuivant un plan général pour chacune, & que, dès qu'il pourroit en réſulter injuſtement le malheur d'un particulier honnête, on ſe conduiſe de maniere à ne faire aucune victime : je veux que la ſociété ſe conduiſe

LE ROI DIRA : plusieurs provinces ont conservé des priviléges : mais , dès qu'on les réunit au peuple dominant , & qu'on les associe toutes aux droits d'un peuple libre , ces priviléges deviendroient une injustice s'ils étoient maintenus.

Si les vues annoncées se réalisent, c'est-à-dire, si Louis XVI est secondé, ce ne seroient plus des priviléges mais bien des droits que ces provinces exerceroient sur les autres ; dèslors il est sensible qu'elles ne doivent pas insister pour les conserver : ce seroit nous imprimer une marque d'esclavage ; sous aucune domination ', la condition du peuple dominant ne peut être moindre que celle des peuples assujettis ou réunis ; la réunion est même censée se faire pour l'avantage du premier ; puisque l'autre est toujours censé le plus foible.

Sous un regne où tout respire la justice , où l'on voit près du trône des ministres en quelque sorte nommés par le peuple dont la juste confiance en eux se soutient , sans s'affoiblir , quoiqu'elle soit portée au plus haut degré de l'entousiasme , nous ne devons pas craindre qu'aucune classe entende se

---

envers ce particulier, de la maniere qu'elle exige que ce particulier se conduise envers elle : j'abhorre la maxime *unum mori pro populo* : dans la balance des moyens, la société l'emporte toujours sur le particulier; rien ne peut donc légitimer de sa part une injustice, & c'est toujours au souverain à donner les exemples qu'il veut qu'on suive pour lui-même.

conduire par des vues particulieres ; nous devons croire fermement au contraire que tous ceux qui affilteront à cette affemblée mémorable, à l'exemple du génie qui doit y préfider, ne fentiront vivement qu'un feul défir , celui de régénérer la patrie ; & , en opérant fon bonheur, de combler pour toujours les vœux d'un Roi citoyen dont le cœur paternel reçoit au moment même de fa gloire les plaies les plus douloureufes.

C'eft dans cette perfuafion que je m'approche du temple de la patrie pour y dépofer mon offrande. Je vais publier les articles de notre droit public & ceux du droit des gens tels que je les ai conçus, & tels qu'ils pourroient être adoptés par les nations alliées de la France; articles qui en provoquant la paix univer-felle montrent les occafions où la guerre pourroit devenir une néceffité.

I.

Que toutes les nations foumifes ou réunies à la monarchie Françaife , à quelque titre que ce foit ne forment à l'avenir qu'un feul & même peuple.

I I.

Que fous la dénomination du mot peuple tous les ordres foient compris (1).

---

(1) Cet article eft conforme à la loi impériale : *nam appellatione populi univerfi cives apppellantur, connumeratis etiam patriciis & fenatoribus.*

A 4

I I I.

Que qui que ce soit n'ose contester au peuple Français aucun droit dont ait joui, ou dont puisse jouir légitimement aucun peuple.

I V.

Que le peuple Français ne puisse se soumettre ni consentir à aucun tribut, sous quelque dénomination que ce soit, & qu'il ne puisse faire ni paix ni treve, au préjudice de cette loi.

V.

Que le peuple Français soit l'allié naturel de toutes les nations libres, & que toutes celles qui voudront se réunir à sa domination jouissent des mêmes droits dont il jouit par le fait même de leur réunion, & sans qu'il soit besoin de traité.

V I.

Que toutes les nations du monde entrent librement dans tous les ports de la domination française.

V I I.

Que le pavillon français soit inviolable; que, dans la guerre, tout vaisseau, appartenant à l'ennemi, armé ou non armé, qui l'aura arboré avant d'avoir été poursuivi, ne puisse être insulté, qu'il entre dans les ports & qu'il en sorte librement, pourvu qu'il n'ait aucune commission hostile.

V I I I.

Que le commerce foit libre dans la paix & dans
la guerre ; que tous marchands foient reçus en tout
temps fur les terres de la domination.

I X.

Qu'il y ait toujours, même en temps de paix, une
flotte de protection, & que le commandant juftifie,
tous les cinq ans, par la publication de fon journal,
avoir doublé tous les caps connus.

X.

Que toute terre déferte & inhabitée continue d'appartenir à la nation, qui, la premiere, en aura fait
la découverte.

X I.

Que tout corfaire ou pirate, même en temps de
guerre, qui aura tiré un feul coup de canon, foit
traité comme meurtrier, & qu'il ne foit fait ni paix,
ni treve avec aucune nation, qu'elle n'ait livré tout
corfaire ou pirate, qui aura fait des courfes fur les
terres de France, ou aura infulté fon pavillon, &
qu'elle n'ait reftitué tout ce qu'il aura pris ou pillé.

X I I.

Que la domination françaife ne puiffe s'étendre
par les armes au-delà de fes limites actuelles, mais
qu'elle ne puiffe en fouffrir la diminution.

X I I I.

Que toutes les chartes, que tous les priviléges, ſtatuts, placards & autres titres d'exception ceſſent dans toutes les provinces, mais que chacune d'elles jouiſſent de tous les droits attachés à la qualité de Français.

X I V.

Qne la puiſſance du peuple Français continue d'être celle du roi.

X V.

Que la puiſſance publique ſoit inſéparable du titre de roi.

X V I.

Que tous les actes de l'abſolu pouvoir, & tous ceux de la puiſſance publique, continuent de paroître ſous l'autorité du roi.

X V I I.

Que le roi ne puiſſe ſe commettre avec qui que ce ſoit, avec aucun prince, avec un ou pluſieurs ordres; qu'en aucune circonſtance, il ne puiſſe ceſſer d'être roi, même de ſon conſentement & de ſa volonté, ou du conſentement & de la volonté de tout le peuple.

X V I I I.

Quaucun ne diſe que Pépin ait pu prendre la couronne ſur Childéric, vrai & légitime roi.

X I X.

Qu'aucun ne dise que Hugues Capet ait usurpé la couronne, ou qu'il l'ait reçue par le suffrage du peuple, le trône étant légitimement rempli, mais seulement le trône étant vacant, & lorsqu'il n'y avoit aucun descendant mâle de la race de Mérouée, la seule ayant droit.

X X.

Que la couronne continue d'appartenir à la branche ainée masculine & à l'aîné de ladite branche, sans que cet ordre puisse être interrompu dans aucune circonstance.

X X I.

Qu'aucun Français ne puisse être privé de sa liberté ni de ses propriétés, qu'il ne puisse être contraint de faire aucun acte de religion, ni profession contraire à sa croyance.

X X I I.

Que le roi ni le peuple, ensemble ou séparément, ne puisse faire aucune loi contraire à la disposition du précédent erticle.

X X I I I.

Que la législation civile soit faite par le peuple, & la législation criminelle par le concours du roi & du peuple.

X X I V.

Que les loix criminelles foient exécutées fans qu'elles puiffent être interprétées ; que, dans leur obf-curité ou leur filence, le tribunal s'adreffe au roi, & qu'il en attende l'interprétation.

X X V.

Qu'aucun jugement de rapport ou autre ne puiffe être rendu à huis clos mais toujours en préfence des parties ou de leurs avocats.

X X V I·

Que chaque juge dife hautement & publiquement fon avis & fa décifion.

X X V I I.

Que les voix écrites à mefure par le greffier foient appellées publiquement àvant la clôture de la féance ; & que la féance clofe chaque juge figne fon avis.

X X V I I I.

Qu'il n'y ait aucune juftice qui ne foit compofée d'aumoins quinze juges.

X X I X.

Qu'il n'y ait aucune juftice qui ait au-dela de cent cinquante mille jufticiables & aucune qui n'en ait au moins foixante-dix mille.

X X X.

Que chaque territoire, entretienne sa jurisdiction & ses juges.

X X X I

Qu'aucun juge ne reçoive ni argent ni salaire des particuliers à peine de bannissement & de confiscation (1).

X X X I I.

Que tous les parlemens ne forment à l'avenir qu'un seul & même corps. Qu'ils conservent leurs dignités, éminence & prérogatives & qu'ils soient divisés en six classes, qui siégeront à Paris, & dans cinq autres villes qui seront jugées les plus convenables.

X X X I I I.

Que chacune des six classes soit chargée du dépot des loix pour en maintenir l'exécution chacun dans son ressort, lequel sera déterminé par les états-généraux.

---

(1) *Ut si judex, arbiter ve jure datus, pecuniam ob rem judicandam accepisset, capite pœnas lueret.*

Cette loi des douzes tables qui condamnoit ainsi le juge coupable de cette prévarication, à la peine de mort, fut adoucie. La déportation & la confiscation furent substituées à la peine de mort ; cet adoucissement de la loi en démontre a nécessité.

X X X I V.

Qu'il foit établi une cour fouveraine intermédiaire par huit ou dix jurifdictions , fuivant que chacune defdites jurifdictions fera plus ou moins chargée.

X X X V.

Qu'en matiere criminelle le parlement foit juge des juges & non des caufes ; que la compétence des juges de territoire & des juges fouverains foit déterminée par les états-généraux ; fauf les matieres effentiellement réfervées au parlement.

X X X V I.

Qu'en matiere criminelle tout noble ait droit d'appeller deux nobles & tout roturier deux notables.

X X X V I I.

Qu'en toute matiere les juges de territoire & autres refpectent la demeure du pauvre. Qu'aucun n'oublie que le malheur fait couler plus de l'armes , a proportion que la nature eft moins corrompue & que l'indigent n'a que la juftice pour richeffe pour vengeur & pour appui.

X X X V I I I.

Qu'aucun accufé ne puiffe être chambré, qu'avant de fubir fon intérogation , il foit averti qu'il eft libre

& que cet interrogatoire foit fubi devant le peuple ; que la lecture en foit faite auffi devant le peuple & que quatre perfonnes du peuple figne l'interrogatoire avec l'accufé.

X X X I X.

Que tout contrat paffé & toute fignature donnée fous la foi puqlique comme celle du négociant ou marchand foient inviolables ; que celui qui a ainfi contracté qu'aucun débiteur ne puiffe poffléder aucun bien ni exercer aucune profeffion fur les terres de la domination qu'il n'ait rempli fon engagement.

X L.

Qu'aucun juge n'ait l'exécution de fes jugemens au criminel ; que la fentence de condamnation foit remife au juré qui fera tenu de juftifier en préfence du peuple que le roi a eu avis de la fentence;

X L I.

Que le juré reçoive la plainte , la dépofition des témoins & qu'au furplus toutes autres fonctions lui foient interdites.

X L I I.

Que la contrainte par corps ne puiffe avoir lieu pour dette civile , fi ce n'eft en cas de folvabilité notoire.

X L I I I.

Que la demeure du pere de famille foit inviolable qu'il ne puiffe en être enlevé que pour crime.

X L I V.

Que le cri de Louis XVI , soit sacré & qu'il arrête toute exécution contraire à sa loi.

X L V.

Que les principaux articles du droit des gens & du droit public gravés sur des tables d'érain en caractères les plus apparens soient processionnellement déposés dans la cathédrale & dans la place la plus apparente de chaque cour souveraine. Que ces caracteres soient visités tous les 15 ans & refaits s'il est nécessaire après une procession solemnelle.

X L V I.

Que chaque table partout où elle sera déposée soit gardée de jour & de nuit.

X L V I I.

Que chaque table se termine par cette inscription :

CETTE TABLE A ÉTÉ RÉDIGÉE LE........ DU REGNE DE LOUIS XVI, ROI TRÈS JUSTE TRÈS CLEMENT ET PACIFICATEUR : IL A DONNÉ DES LOIX A SES PEUPLES ET LES A RÉGÉNÉRÉS : LES ANGLO - AMÉRICAINS LUI ONT ÉRIGÉ UNE STATUE ET LES FRANÇAIS LUI DESTINENT UN ÉDIFICE QUI SERA PLACÉ SUR LES RUINES DE LA BASTILLE : IL EST SECONDÉ PAR LOUIS-JOSEPH-XAVIER ET CHARLES-PHILIPPE DE FRANCE SES FRERES : IL A DONNÉ SA CONFIANCE A L'ÉTRANGER NEKER QUE LA FRANCE A ADOPTÉ , PARCE QU'IL EST GRAND MINISTRE ET HOMME DE BIEN.

Voilà

Puiſſe l'amour des François réndre éternel celui de leurs ſouverains pour eux : puiſſent - ils en ce moment rendre juſtice à une reine ſi digne de le partager ! Elle - même a hâté ce grand événement, & a contribué au rappel de ce miniſtre qu'ils proclament.

Voilà quels ſont mes vœux & ce n'eſt la qu'une partie de ma dette, il ne tiendra point à moi que je ne m'en acquitte entièrement.

La preſſe, ſurchargée d'ouvrages patriotiques, ne m'a point permis de montrer pour l'inſtant dans quel cas les états doivent opiner par tête ou par ordre, enſemble ou ſéparément.

Je ſerois d'avis que l'on ne rédigeât aucune loi qu'en la propoſant au concours ; car, outre qu'une loi ne peut ſouffrir aucune imperfection, la ſeule lecture doit en inſpirer le reſpect & l'amour. Ce fut en affichant une de ſes ſurates à la porte du temple de la Mecque, que le légiſlateur des Arabes ſe fît un de ces plus ardens zélateurs.

Sommes Rendole Wopp. N°. 173

www.ingramcontent.com/pod-product-compliance
Ingram Content Group UK Ltd.
Pitfield, Milton Keynes, MK11 3LW, UK
UKHW021126140726
13695UKWH00004B/1740